LA VIDA DE JESUS

Tomo 1

Texto: Humberto M. Rasi
Ilustraciones: Heber Pintos

Historia de la vida de Jesús, basada en los relatos de S. Mateo, S. Marcos, S. Lucas y S. Juan.

Al comienzo de cada episodio se indican las referencias bíblicas correspondientes. El índice de episodios aparece al final del volumen.

Publicaciones Interamericanas
Boise — Buenos Aires — Madrid
Miami — Montemorelos — Oshawa

Derechos reservados
Copyright © 1984, by
Pacific Press Publishing Association
Se prohíbe la reproducción total o parcial
de esta obra sin el permiso de los editores.

Publicado también en inglés—*The Life of Jesus*

Editado e impreso por
PUBLICACIONES INTERAMERICANAS
División Hispana de la Pacific Press Publishing
Association:
- P. O. Box 7000, Boise, Idaho 83707, EE. UU. de N. A.
- Apartado 86, 67500 Montemorelos, Nuevo León, México

Primera edición: 1984
5.000 ejemplares en circulación

84 85 86 87 88 89 • 6 5 4 3 2 1

ISBN 0-8163-0574-9

Cuatro cronistas de la época nos han dejado un registro de esos hechos memorables, que cambiaron el rumbo de la historia. Son los autores de los cuatro evangelios.

Uno de ellos, el médico e historiador Lucas, escribe al iniciar su crónica...

Después de entrevistar a los que fueron testigos y de reunir con cuidado toda la información necesaria, me place escribirte este resumen de la vida de Jesús.

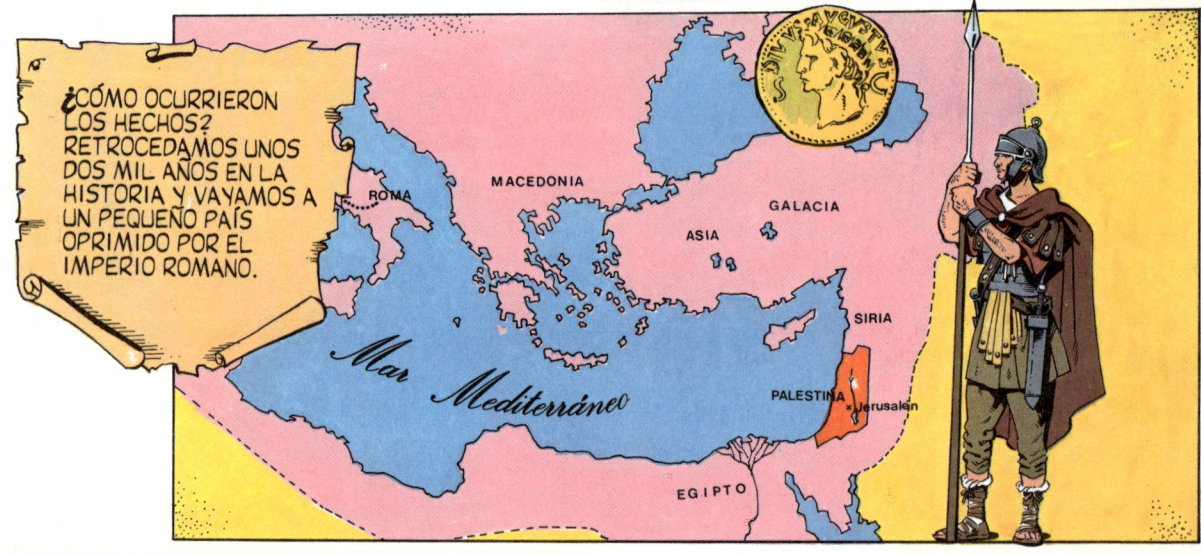

¿Cómo ocurrieron los hechos? Retrocedamos unos dos mil años en la historia y vayamos a un pequeño país oprimido por el Imperio Romano.

En el hogar del sacerdote Zacarías y su esposa Isabel...

—Salgo para Jerusalén, querida. Me toca otra vez oficiar en el templo.

—¡Adiós! Y sigue rogando al Señor que nos dé un hijo.

—Lo haré, Isabel; pero tú bien sabes que ya somos viejos.

—Sin embargo, el Señor es poderoso y puede hacer un milagro.

[2] PRÓLOGO DEL EVANGELIO DE S. LUCAS—S. LUCAS 1:1-4.   [3] LA ANUNCIACIÓN A ZACARÍAS—S. LUCAS 1:5-25.

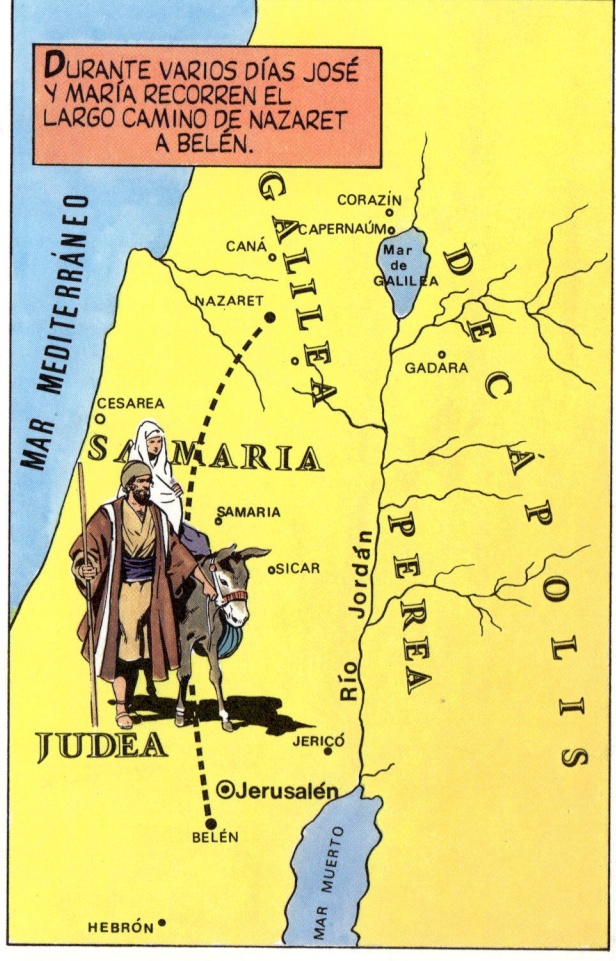

9 NACIMIENTO DE JESÚS—S. LUCAS 2:6-7. 10 ANUNCIACIÓN A LOS PASTORES—S. LUCAS 2:8-20.

16 EL VIAJE A JERUSALÉN PARA LA PASCUA—S. LUCAS 2:41-50.

17 LA JUVENTUD DE JESÚS—S. LUCAS 2:51-52.

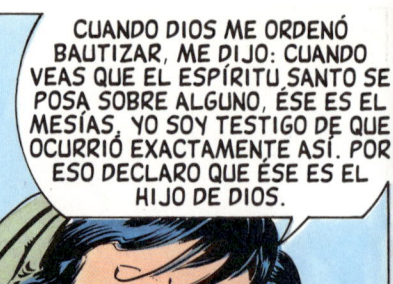

25 LA CONVERSACIÓN CON NICODEMO—S. JUAN 3:1-21.

27 LA MUJER SAMARITANA — S. JUAN 4:1-42.

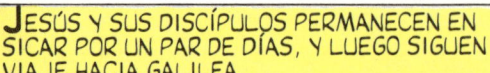

28 JESÚS SANA AL HIJO DE UN OFICIAL DEL REY—S. JUAN 4:43-54.

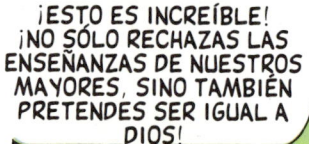

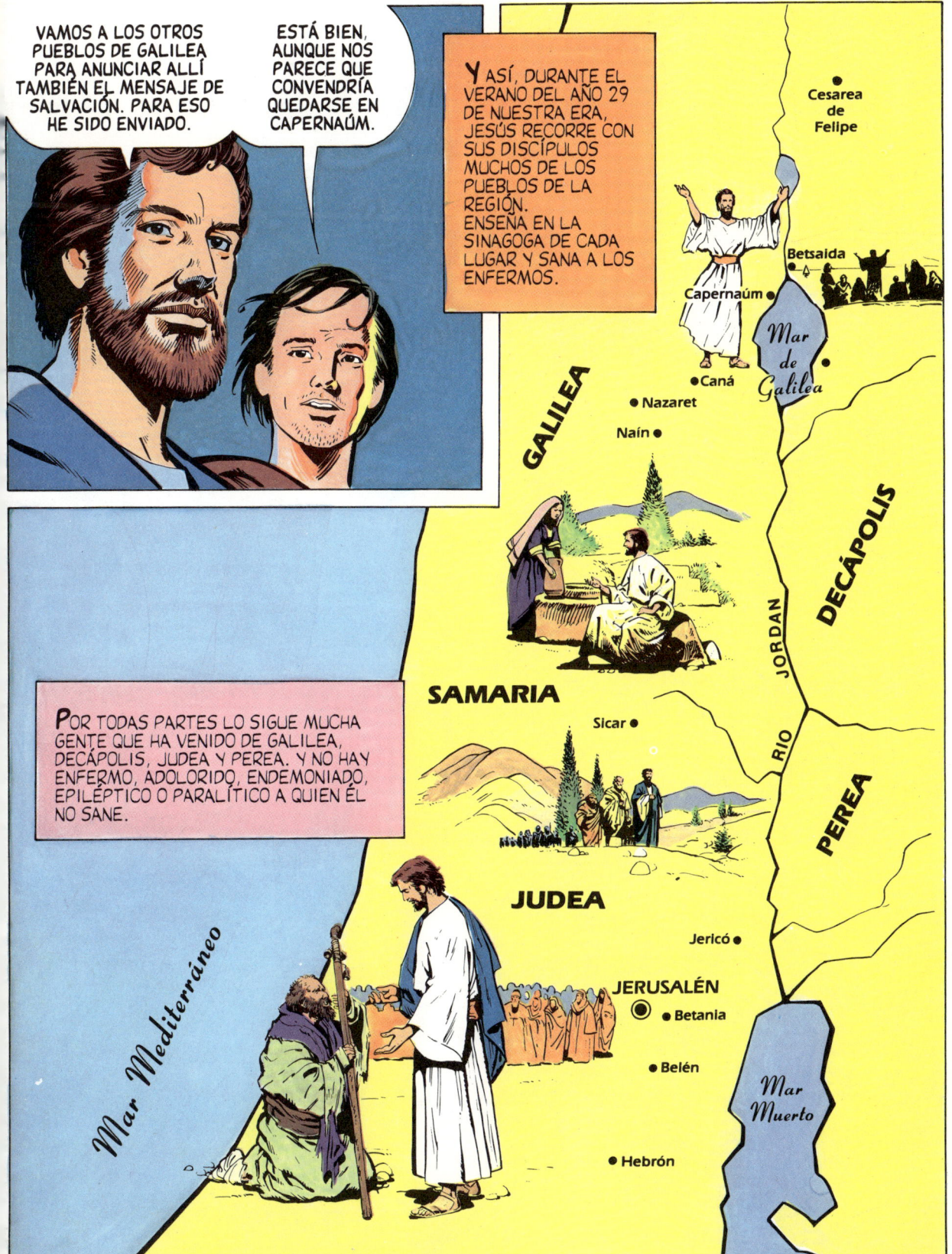

[45] ELECCIÓN DE LOS DOCE DISCÍPULOS—S. MARCOS 3:13-19; S. LUCAS 6:12-16.

PEDRO Y ANDRÉS SON HERMANOS QUE SE HAN GANADO LA VIDA PESCANDO CERCA DE BETSAIDA, EN EL MAR DE GALILEA.

ANDRÉS, UNO DE LOS PRIMEROS EN RECONOCER AL MESÍAS, FUE QUIEN TRAJO A SU HERMANO PARA QUE CONOCIERA A JESÚS. RESERVADO Y FIEL, SE CONVERTIRÁ EN UN MISIONERO EN TIERRAS LEJANAS.

PEDRO TIENE UN TEMPERAMENTO CONTRADICTORIO: DECIDIDO Y GENEROSO, PERO TAMBIÉN COBARDE Y EGOÍSTA. TRANSFORMADO POR LA INFLUENCIA DE JESÚS, LLEGARÁ A SER UN LÍDER DESTACADO Y UN PREDICADOR PODEROSO.

SANTIAGO Y JUAN, VEHEMENTES Y AMBICIOSOS, TAMBIÉN SON DOS HERMANOS PESCADORES DE LA REGIÓN DE GALILEA.

SANTIAGO DESEMPEÑARÁ UN UN PAPEL DIRECTIVO EN LOS COMIENZOS DE LA IGLESIA CRISTIANA, PERO SERÁ EL PRIMERO DE LOS DOCE EN MORIR COMO MÁRTIR.

JUAN ES EL MÁS JOVEN DE LOS DISCÍPULOS Y EL QUE LLEGA A CONOCER MÁS DE CERCA A JESÚS. TENDRÁ UNA LARGA VIDA Y ESCRIBIRÁ VARIOS LIBROS DEL NUEVO TESTAMENTO.

FELIPE Y BARTOLOMÉ TAMBIÉN SON GALILEOS Y ESTÁN ENTRE LOS PRIMEROS SEGUIDORES DE JESÚS.

FELIPE, AUNQUE SINCERO, ES LENTO PARA CREER. FUE ÉL QUIEN TRAJO A NATANAEL PARA QUE CONOCIERA AL MESÍAS.

BARTOLOMÉ, CONOCIDO TAMBIÉN CON EL NOMBRE DE **NATANAEL**, VIENE DE CANÁ DE GALILEA. LLEGARÁ A SER UN FIEL DISCÍPULO DE JESÚS.

TOMÁS Y MATEO ESTARÁN JUNTO AL MAESTRO HASTA EL FIN DE SU MINISTERIO.

MATEO, CUYO PRIMER NOMBRE ES LEVÍ, VIVÍA PRÓSPERAMENTE COMO COBRADOR DE IMPUESTOS EN CAPERNAÚM HASTA QUE EL MAESTRO LO INVITÓ A SER UN SEGUIDOR SUYO. AÑOS MÁS TARDE ESCRIBIRÁ UNA CRÓNICA DE LA VIDA DE JESÚS.

TOMÁS, "EL GEMELO", ES UN HOMBRE DIFÍCIL DE CONVENCER, PERO SE CONVERTIRÁ EN UN VALIENTE MISIONERO LEJOS DE SU PATRIA.

SANTIAGO, TADEO Y SIMÓN SON TRES DE LOS DISCÍPULOS DE LOS QUE MENOS SABEMOS.

TADEO, TAMBIÉN CONOCIDO COMO JUDAS LEBEO, ES RESERVADO Y SILENCIOSO.

SANTIAGO, HIJO DE ALFEO, TAL VEZ ESTÁ EMPARENTADO CON MATEO.

SIMÓN, "EL CELOTE", SE PREOCUPA POR SER UN FIEL HIJO DE DIOS Y UN BUEN PATRIOTA.

CUANDO JESÚS HA TERMINADO DE ELEGIR A LOS ONCE...

¡MAESTRO, YO TAMBIÉN ESTOY DISPUESTO A HACER CUALQUIER SACRIFICIO PARA SER TU COLABORADOR!

ACÉPTALO, MAESTRO. SU CONOCIMIENTO Y SUS RELACIONES NOS SERÁN MUY ÚTILES.

AUNQUE JESÚS CONOCE EL CORAZÓN Y EL DESTINO DE **JUDAS ISCARIOTE**, LO RECIBE COMO DISCÍPULO SUYO.

PADRE, TE ENCOMIENDO A ESTOS DOCE HOMBRES. TRANSFÓRMALOS MEDIANTE TU ESPÍRITU Y CAPACÍTALOS CON TU PODER PARA LLEVAR A CABO LA MISIÓN QUE ME HAS CONFIADO. AMÉN.

Indice de Episodios y Referencias Bíblicas

1. Prólogo del Evangelio de S. Juan—S. Juan 1:1-18. ... 1
2. Prólogo del Evangelio de S. Lucas—S. Lucas 1:1-4. ... 2
3. La anunciación a Zacarías—S. Lucas 1:5-25. ... 2
4. La anunciación a María—S. Lucas 1:26-38. ... 4
5. María visita a Isabel—S. Lucas 1:39-56. ... 5
6. Nacimiento de Juan el Bautista—S. Lucas 1:57-80. ... 6
7. La anunciación a José; José acepta a María por esposa—S. Mateo 1:18-25. ... 7
8. El viaje a Belén; la genealogía de Jesús—S. Mateo 1:1-17; S. Lucas 2:1-5 y 3:23-28. ... 8
9. Nacimiento de Jesús—S. Lucas 2:6-7. ... 9
10. Anunciación a los pastores—S. Lucas 2:8-20. ... 9
11. La circuncisión—S. Lucas 2:21. ... 11
12. Presentación en el templo—S. Lucas 2:22-38. ... 11
13. Visita de los sabios del este—S. Mateo 2:1-12. ... 12
14. La huida a Egipto—S. Mateo 2:13-18. ... 16
15. El regreso a Nazaret; la niñez de Jesús—S. Mateo 2:19-23; S. Lucas 2:39-40. ... 17
16. El viaje a Jerusalén para la Pascua—S. Lucas 2:41-50. ... 21
17. La juventud de Jesús—S. Lucas 2:51-52. ... 24
18. Juan el Bautista comienza su misión—S. Mateo 3:1-12; S. Marcos 1:1-8; S. Lucas 3:1-18. ... 28
19. El bautismo—S. Mateo 3:13-17; S. Marcos 1:9-11; S. Lucas 3:21-23. ... 31
20. Las tentaciones—S. Mateo 4:1-11; S. Marcos 1:12-13; S. Lucas 4:1-13. ... 32
21. Jesús presentado como "el Cordero de Dios"—S. Juan 1:19-34. ... 34
22. Los primeros discípulos—S. Juan 1:35-51. ... 36
23. La fiesta de bodas en Caná—S. Juan 2:1-12. ... 39
24. Primera expulsión de los mercaderes del templo—S. Juan 2:13-25. ... 41
25. La conversación con Nicodemo—S. Juan 3:1-21. ... 44
26. Ministerio de Jesús en Judea—S. Juan 3:22-36. ... 45
27. La mujer samaritana—S. Juan 4:1-42. ... 46
28. Jesús sana al hijo de un oficial del rey—S. Juan 4:43-54. ... 50
29. Encarcelamiento de Juan el Bautista—S. Mateo 14:3-5; S. Lucas 3:19-20. ... 52
30. El paralítico de Betzata—S. Juan 5:1-14. ... 52
31. La junta suprema rechaza a Jesús—S. Juan 5:15-47. ... 55